AF563394

Este libro
pertenece a:

____

Aa

La avispa viaja por encima de las flores de amapola en Aibonito.

Bb

La boa boricua se esconde en los bosques de Boquerón.

Cc

El coquí canta en las cuevas de Camuy.

Dd

El dorado navega por los mares de Dorado.

Ee

La esperanza explora la finca de doña Esmeralda.

Ff

El flamenco anda por la playa de Flamenco.

Gg

El gallo está parado al frente de la casa de Gabriel en Guánica.

Hh

La hormiga construye un hormiguero en los montes de Hormigueros.

Ii

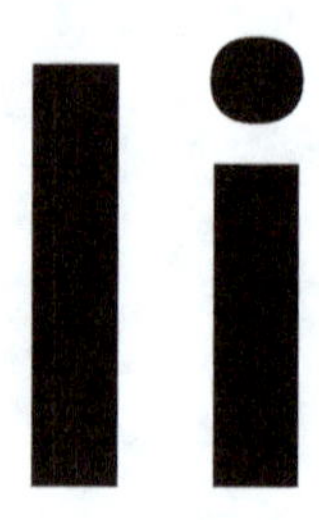

La iguana busca comida
en las dunas de Isabela.

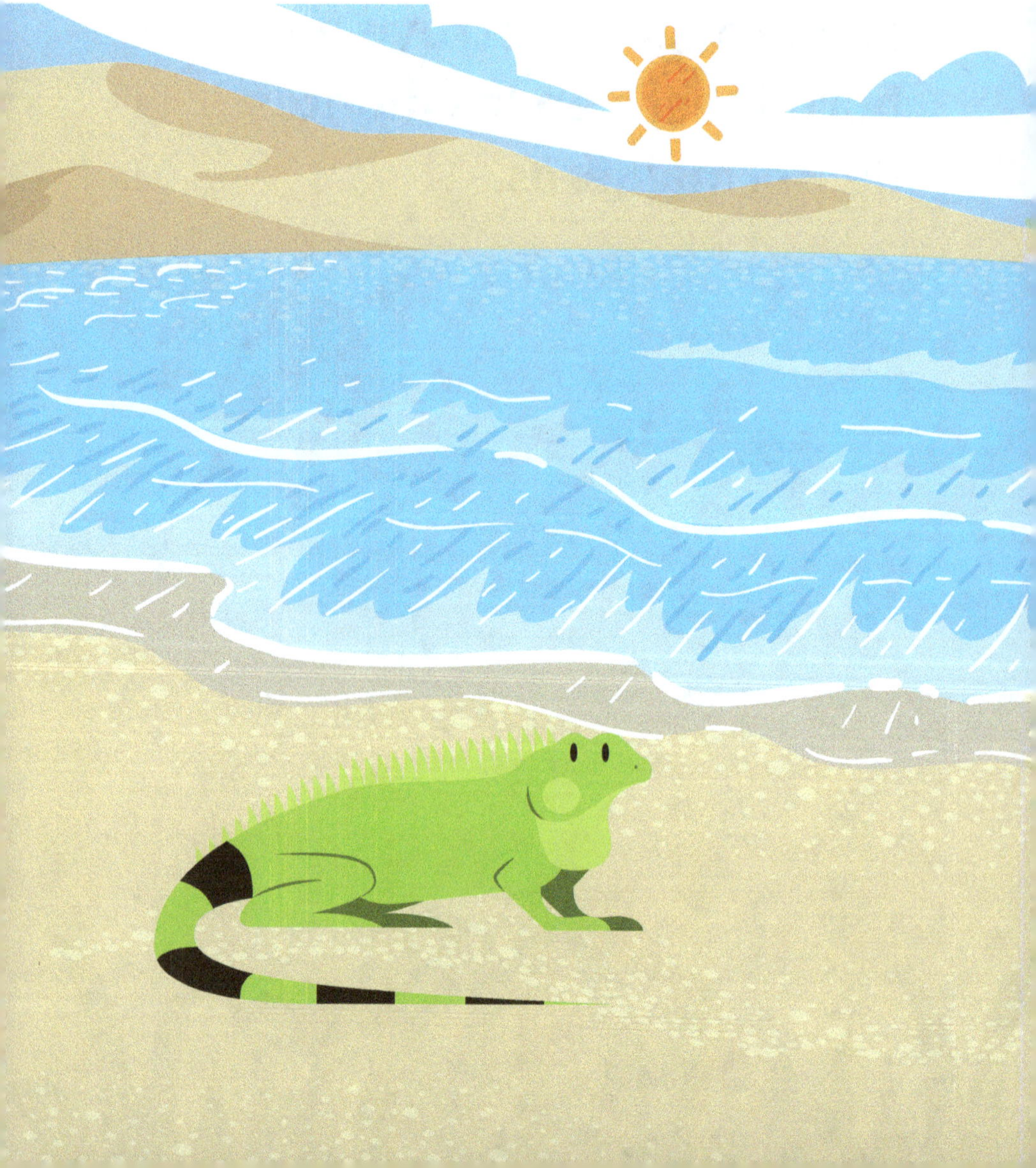

Jj

El juey toma el sol de la tarde en las playas de Juana Díaz.

Kk

Karina y su mamá observan el koala en el zoológico de Mayagüez.

Ll

La luciérnaga alumbra la Laguna Grande de Luquillo.

Mm

El manatí juega en la poza Las Mujeres en Manatí.

Nn

El pez nimo nada por las playas de Naguabo.

La maestra Nuñez le enseña
a sus estudiantes sobre el ñandu.

Oo

Las ostras descansan en las playas de Ocean Park.

Pp

La paloma pasea por el Parque de Bombas en Ponce.

Qq

El quetzal emigra en el pueblo de Quebradillas.

Rr

El ruiseñor canta en el faro de Rincón.

Ss

El saltamontes disfruta del paisaje en el viejo San Juan.

Tt

El tinglar se refugia en los mares de Toa Baja.

Uu

Ulises y su papá observan el urogallo en el Parque de la Ciencia en Bayamón.

Vv

La vaca vaguea por las praderas de Vega Baja.

Ww

Wilfredo y su familia se encuentran en el circo viendo el wallaby.

Xx

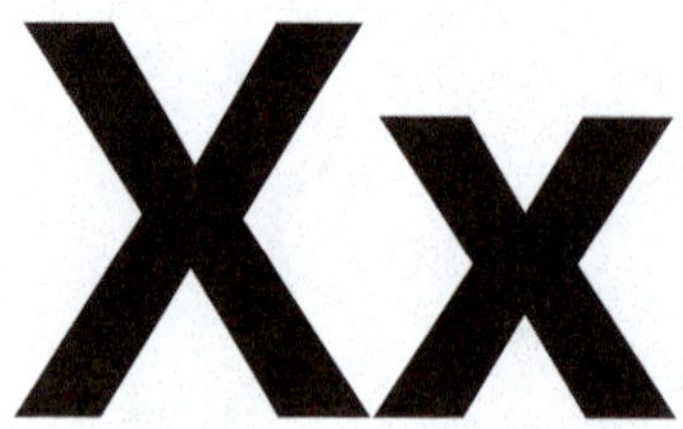

Xiomara contempla el pecesito xarda que le regalaron en su cumpleaños.

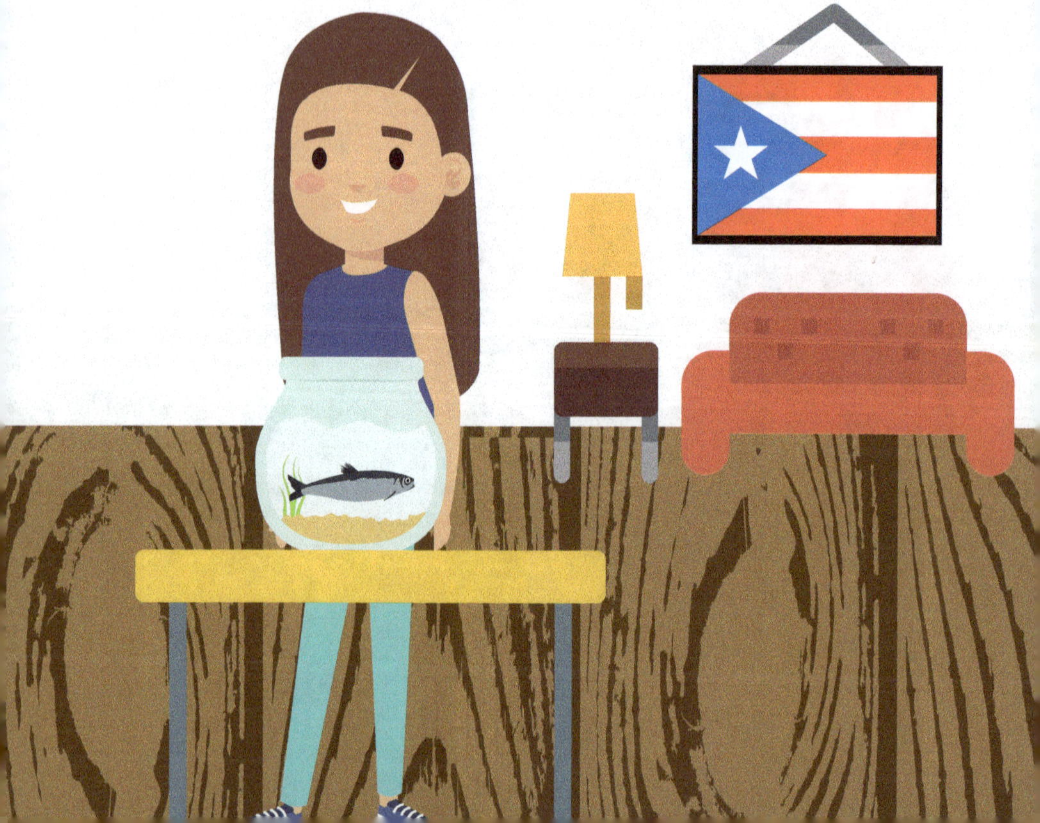

Yy

Las yeguas galopan por el pueblo de Yauco.

Zz

El zancudo vuela alrededor de Zacarías.

Instruye al niño en el camino correcto y aún en su vejez no lo abandonará. (Proverbios 22:6)

Este libro es dedicado a la memoria de mi sobrino Daniel José Caro

www.ingramcontent.com/pod-product-compliance
Lightning Source LLC
LaVergne TN
LVHW010547250826
846485LV00003B/40
* 9 7 8 1 7 3 6 0 6 9 0 2 8 *